Sutil Erótica

(De la soledad, la ausencia y otras formas más sutiles de abandono)

Alfonso Aparicio

Y el hombre respondió:
La mujer que me diste por compañera
me dio del árbol,
y yo comí.
Génesis (3,12)

Y como cada noche.

Y como cada noche en soledad, estoy pensando en ti,
en lo bueno que sería tu compañía
y en lo malo que es estar aquí
rodeado solo de recuerdos y extrañándote a morir,
soñando con tu cuerpo, con tu risa, con tu pelo,
con el día en que por fin serás mía...
para no dejarte ir.

Y así, pensando en ti, se pasan las horas,
despido a la madrugada
con mi tonto devenir.
Te juro que no es nada extraño,
no soy ningún ermitaño,
solo es una noche más en soledad que estoy pensando en ti.

Sentimientos.

¿Sientes?
¿Sientes cómo te siento y como los dos nos sentimos?
¿Sientes cómo los dos vivimos
entre infinidad de ayeres que a veces nos hablan a gritos,
y como los silenciamos, como fingimos que amamos,
como reímos por fuera,
mientras por dentro al corazón matando vamos?

¿Sientes?
¿Sientes cómo te extraño y como toda te estoy pidiendo?
¿Sientes cómo te voy midiendo
en mi piel, en mi boca y en mis manos,
y mientras más te pido y más me deshago en reclamos
mas nos hacemos sordos, mas nos volvemos extraños?

¿Sientes?
¿Sientes cómo te llevo en lo que hice y en lo que aún no hago?
¿Sientes cómo marcaste la senda que me lleva a ser tu esclavo
de lo que no ves, de lo que tu ni siquiera notas,
cómo te muestro el ayer y tantas ansiedades rotas?

Siento y sé que los dos nos sentimos...
Más allá de saber si no supe o no supimos
si el amor ya se nos fue o se quedo como en sigilo
esperando a despertar.

¿Cómo fue que nos dormimos?

Alicia.

La mañana se despereza, se ilumina
el sol de su existencia toma conciencia,
su luz mi habitación entibia mientras mi sueño mutila,
y el recuerdo de tu partida me agobia.

Sé que saldré de mi casa, llegaré a la oficina
extrañamente llena pero, hoy sin ti, sola.
El mundo sigue su línea, mi corazón no se humilla
mientras por dentro te ruega, te implora.

Al menos sigo vivo, mi cuerpo camina
por momentos mi alma se para, se agota
es como si se escapara de la rutina para espiar tras tu cortina
buscando así tu presencia tranquilizadora

El sol sigue su camino, ya es medio día
las sombras casi desaparecen, se acortan
y yo quiero ir al país de las maravillas y escuchar a mi
Alicia decirme:
"yo era... yo soy... soy otra"

El tiempo se arrastra lento, se desliza,
el reloj por momentos deja de marcar la hora
y el té que nunca termina.
¿Qué será de mi cuando la noche me caiga encima, si ya
no aguanto el extrañarte
y son los reinos de la aurora?

La oscuridad la luz difumina, el día fulmina
el espanto comienza a hacerse presencia,
y aquel que siempre trae prisa me da un obsequio: tu risa
y al compás de ella mi corazón te llora.

Y me mantengo despierto a cigarro y cafeína,

la caída empieza, los objetos flotan,
no se si en verdad el pozo no termina o yo caigo
despacio en mi ruina.
¡¡¡Maldita seas!!!.... ¿¿¿dónde estas ahora???

El mar de mis lágrimas a la playa me arrima
lloro con demencia me mata tu ausencia
y mientras te busco en mi mente mi niña (memoria dañina)
tu recuerdo me cubre por fuera, me arropa.

Y en los bosques de la duda, personalidad ambigua,
a veces certeza, por momentos demencia,
tu fantasma que escudriña cual ave de rapiña
reclamando los retazos que de mi corazón aun sobran.

Me quedo atrapado en el país de mis pesadillas
reviviendo tu partida por siempre, ayer y ahora
no encuentro la salida de tu presencia divina
ni el camino que te traiga a casa mi cruel amante pecadora.
La noche se convierte en meses, tú no apareces
tu voz es mi conciencia. ¿Qué más? solo paciencia
el pensamiento a veces me tima y te siento al doblar la esquina
pero tu sigues allá lejos, junto a donde el horizonte se borra.

Y hoy sigo mi vida que sin ti en verdad termina.
Miento por experiencia, lo he convertido en una ciencia,
por fuera soy la sonrisa, pero si miraras tras la cornisa
verías que soy el llanto de aquel que se desmorona.

Y el paisaje de mi destino hoy no, no me anima,
no se si vuelvas o si me entiendas
que por tu mundo de maravillas daría mas que una costilla
vuelve a mi... mi Alicia, mi amiga, mi Eva, mi Novia.

Beso.

¿Qué es un beso?...
Sino una manifestación de amor al igual que una
palabra,
que también nace de los labios y la lengua,
pero viene envuelta en saliva conjugada.

La ausencia.

Y aquí es donde empieza todo,
donde la voz se diluye,
y el temor aparece,
donde el corazón se oprime,
y la razón perece.

Aquí es donde todo nace
para morir solamente,

aquí es la ausencia
donde nada se mueve.

El Desván.

Yo te dije que podíamos volar
pues los dos juntos éramos tanto como un Dios,
pero tu te negaste a tus alas desplegar
y yo caí herido de muerte.

Por eso hoy
me atormento tanto al contemplar
la inmensidad que dejamos escapar,
pues sé que algún día la pudimos alcanzar
con tan sólo abrir el corazón.

El cielo se quedo esperando nuestra acción
y yo esperando mas de ti.
Cavamos nuestra tumba en la desesperación
y ya nunca quisimos mas salir.

Las alas se encuentran en el desván olvidadas
y yo cada día me olvido mas de ti,
pero a veces cuando me siento solo
subo y te miro y me pongo a reír.

Los Olvidados

He que aquí solos nos hemos de quedar juntos,
como olvidados del mundo, como abortos del amor.
Sumando soledades nos iremos consumiendo
agregando a nuestros males
los recuerdos anteriores que hoy nos cambian a los dos.

He que aquí juntos hoy nos hemos quedado solos,
mis problemas son tuyos, los tuyos son míos todos,
y en tu piel desgarro el corazón que a diario va llorando
mientras que en tu vientre encuentro lo que en este
mundo esta faltando.

Y te abrazo y te protejo,
el silencio me recuerda que eres todo lo que tengo,
el cuarto vacío que nos envuelve me dice que aquí
desnudos, olvidados, solos,
nos estamos amando lejos del mundo, que se queda en
suspenso...
y mientras te estoy poseyendo, tu otra vez con vida te
dejas amar y cierras los ojos.

He que aquí solos nos hemos quedado locos,
yo mirando tu rostro que me recuerda muchos otros,
tu cansada me miras, y en mi faz no encuentras nada,
solo un vago recuerdo de alguna vida pasada.
La noche nos cae encima, y con su peso el ahogo,
el aire se vuelve asfixia y nuestros cuerpos uno solo.

Al final de tanto gritar, nos hemos quedado mudos,
como faltos de palabra, como quien se traga el amor.

Sólo en nuestras caricias acariciamos otros mundos,
haciendo de las delicias, los tormentos las espinas, que
hoy nos desgarran a los dos.

He que aquí solos al final nos hemos perdido,
con tus ojos grandes, tristes, ya no vemos el camino,
solo vemos a dos seres transparentes casi extintos,
del color del aire todos, casi siempre deprimidos,
¿como es que dos personas que en otro tiempo fueron
amigos, hoy se ven de reojo como dos desconocidos?

Será que nos olvidamos o que no nos aprendimos,
que solo fuimos instantes, tiempos, carne e instintos.

Hoy que el mundo nos expulsó
a vivir en nuestro exilio,
prácticamente olvidados, en silencio, odiándonos el uno
al otro,
en cada caricia gritamos: Auxilio.

Horizonte.

He de oír en el horizonte el eco de tus pasos
desvanecidos,
en alguna tarde gris, de esas de las que ya se han ido
pero que a ratos regresan,
solas, así solas sin haberlas pedido.

He de escuchar cuando vuelvas,
y para mi será como si no te hubieras ido,
te escucharé desde lejos, te sabré con anticipo,
pero no estropearé tu sorpresa,
fingiré que he sido presa,
que me has dejado sorprendido.

Acariciaré tu sombra, tus desechos, tus vestigios,
y colmaré mis ansias, desgarrare tus vestidos,
comeré tu corazón, tu sangre me dará bríos
para reponer los muchos años desperdiciados, perdidos.

Discusiones en la cama.

Que dulce,
que dulce tu piel mojada,
que hermosa tu boca abierta esperando a ser llenada
y tus pechos que despiertan por el roce de tu blusa
que se mueve cuando aprietas tu cadera a mi cintura.

Que triste,
que triste tu voz cantada,
tus arrugas que son surcos
de mil lágrimas derramadas
y tu amor que siempre buscas,
tu cabello en mi almohada,
que imagino como el centro de mi alma que se rasga.

Que poco se me hace el tiempo
y que larga se hace la marcha,
disyuntiva que me quiebra pueril sueño que me atrapa.
¿Y acaso no hay quién se rompa?
¿Quién no soporte la carga?
no me pidas que te crea,
no me pidas que me vaya.

Los amores de mi vida.

Los amores de mi vida
hoy están ya todos muertos,
y ellas a lo mejor con vida
quizás estén con otros viviendo.

Será que cambia la gente
o lo que cambia es el sentimiento
yo solo se que en mi vida
los amores de mi vida
duraron sólo momentos.

Yo ya te había soñado.

Sabes...
yo ya te había soñado.
En mil noches de pasión tu cuerpo había penetrado,
conocía de antemano todos tus rincones,
todos tus vestigios, el fuego en tus dragones,
y mis manos ya sabían el secreto de tu tacto,
acostumbrándose a tus líneas y a tus sombras de inmediato.

¿Sabes cuántas noches desperté de ti empapado?
sólo para descubrir que no estabas a mi lado,
pero tu sabor aun seguía tan presente en mi boca,
ojos que no olvidan el brillo de piel que evocan.

Te mentiría si dijera,
que para mí esto fue algo nuevo,
pues desde antes que llegaras en mi ser yo ya te llevo.
Más de mil veces cabalgué sobre tu solitario cuerpo
y mis temores abracé en tu talle frágil y esbelto.

También fui ávido explorador de todos tus volcanes,
conquistando así con vicios tus insondables precipicios
mientras mi lengua recorría tus valles,
y empapé mi pobre alma de tus mieles tan plurales
sal, sudor, alma, mi sed, y tantos placeres tales
que solo el recordarlos hace que
mi piel se colapse y estalle.

En mis sueños conocí lo que tu apenas te sabes,
exploré tu intimidad mezclando todos mis fantasmas,
y en tu abdomen terminé mil veces mientras aún temblabas,
y te pegabas a mí mientras tu espalda en perfecto arco,
se contraía víctima cruel del espasmo del orgasmo.

Sabes...
yo ya te había tenido,
y en la intimidad de mi lujuria
tu cuerpo tanto había poseído
que hoy que te tengo aquí y con mi lengua toda te mido,
al saberte tan real solo te pienso y te miro.

No vaya a ser que en un descuido o en un leve parpadeo,
vaya yo a descubrir que sólo fuiste espejismo,
proyección de un yo mismo
que arde por dentro en deseo.

Sabes...
yo ya te había soñado,
en mil noches de placer tu cuerpo había penetrado
y hoy que ya estas aquí,
por favor,
por favor quédate a mi lado.

Hoy desperté.

Hoy desperté con hambre de ti,
con la ausencia que tu piel provoca cuando ya te has ido,
con el sabor que dejas en el espacio mío
y el cuerpo aún temblando por tu calor perdido.

Hoy desperté y el aroma de tu cuerpo aún flotaba en el cuarto
como dulce miel,
como elixir de encanto
haciendo otra vez mis ansias despertar.

Hoy desperté pero seguí soñando
en como tus manos recorrían mi cuerpo,
como observaba tu cuerpo descubierto
y en como te has vuelto mi mejor encanto.

¿Será que entre el tiempo y el poco rato
me has ido quitando de a poco los sesos?
¿Será que tu cuerpo desnudo y travieso
se va infiltrando en mi corazón gastado?

Hoy desperté y me tiré de nuevo
queriendo así prolongar la experiencia,
del soñar contigo, de absorber tu presencia
de tenerte a mi lado aunque no estés conmigo.

Hoy desperté con ganas de amarte
de tenerte tendida en mi madriguera,
de quitarte la ropa, declararte la guerra
y hacerte morir de placer delirante.

Hoy desperté contigo en la mente
o será que en mi mente estoy solo contigo.
¿Será que tu risa ya me ha contagiado
y me hace reír sin causa aparente?

Hoy desperté demasiado temprano
y tu recuerdo aún juega conmigo.
Hoy desperté tan solo esperando
que sea ya de tarde para estar contigo.

Casa.

Tierna luz,
dulce resplandor dorado sobre tu piel en calma,
suave respirar tranquilo,
tu vientre que sube y baja,
mientras mi corazón fuera del pecho
a merced de los impulsos de tus ansias.

Dulce tu,
tierno tu mirar divino
en tus ojos que son de agua,
déjame mirarlos siempre hasta agotar tu alma
o hasta que nos volvamos uno
como la noche y la distancia.

Mi quietud,
todo se acomoda bajo la luz de tu mirada,
no más sombras en mi laberinto,
no mas noches de tristeza exacerbada,
hoy solo es tu cuerpo, lugar bendito
al que por momentos me da por llamarle...
casa.

Ayer.

Ayer, el soñar eterno...
las flores, el sol, el viento enredado en tu cabello,
como yo me enredaba en ti cuando caía la tarde,
cuando nadie nos veía, o al menos eso creíamos,
cuando tu inocencia moría bajo el despertar de tu carne.

Hoy despertar violento.
Bajo mi piel no hay más que mi cama
y sobre mi ser solo el firmamento,
dime si te perdí en un instante
o será que me perteneciste solo un momento.

Lágrimas que por mi piel rodaron
hasta convertirse en caudales de tristeza,
será que no tuve la entereza
o que no había un final feliz para este cuento.
¿Cómo explicarle al corazón que te marchaste?,
¿Y cómo me explico a mí que te he perdido?
Es como alcanzar a tocar el infinito
para caer de inmediato en el vacío,
vacío que dejo tu cuerpo, haciéndome perder la
compostura
dejándome sin luz en mis silencios
agujero que en mi alma aun perdura.

Ayer, montaba en los cuernos de la luna
observaba el mundo desde arriba
pues junto a ti el vivir era la cima
y el estar contigo era la suma.

Hoy la resta de mis atributos,
disminuidos después de la caída
pues perdí mi acción mas preferida
al perder tu corazón mi niña luna.

Ayer tu voz en mis oídos

tus dedos garabateando el piano,
mientras los míos se iban ocultando
en tus rincones sagrados y prohibidos.

Hoy sólo escucho mis lamentos
y lo único que acaricio es el olvido
mientras que en hojas, que de mi corazón voy
arrancando,
garabateo tu cuerpo ya perdido.

No sé si soy exagerado
o sólo un ser bastante deprimido.
Solo sé que no estar a tu lado
es morir de lágrimas y frío... (en completa oscuridad)
¿Qué no piensas escuchar
nunca este incesante lamento
este quejido que el viento
se ha negado a transportar?
y que me deja rendido (herido)
sangrante, siempre corazón afligido,
que al ganarte pierde lo que ha perseguido
pues no puede ya pensar,
en otra cosa que no sea en verte
y de frente otra vez tenerte
para así saciar esta ansiedad
y cebarme en tu carne,
en tus muslos siempre vivos,
pues tu vientre es mi delirio donde quiero descansar.

Apoteosis viva de diosa perenne.
¿Acaso hay algo más fuerte que el soñarte y no llorar?
Porque a veces hasta un simple sueño
me pone todo el día risueño
y quita mi ambigüedad,
pero nada es tan concreto como la ausencia que yo siento
desde el día de soledad.

Ayer es hoy para siempre,
al menos para mi mente ésta es su forma de ver,

porque tú eres presente,
eres ser intransigente
que se niega a ya morir
y por fin voy entendiendo
que tu recuerdo voy siguiendo
que el tiempo se va escurriendo sin que tu quieras venir.

Quisiera.

Quisiera llorar.
Quisiera llorar hasta vaciarme
y entonces poder llenarme
sólo las cosas buenas.

Quisiera llorar.
Quisiera llorar hasta olvidarte
y así poder hincarme
ante alguien que bien me quiera.

No se si pueda...
pero te juro...
te juro que como quisiera.

Clímax.

Como pudiera robarle al tiempo,
a Dios o a quien sea este momento,
prolongar este estado sino para siempre,
sí por unos dos o tres días,
y es que es justo ahora
en este breve instante unos segundos antes del clímax
donde quisiera decirte tantas cosas:

Decirte que te amo,
pero decírtelo con ésta euforia que me arrebata los sentidos.
Decirte que me encantas,
que tu piel es la manta
con que quisiera cubrir mis ojos cuando estos ya no se abran.
Decirte que te quiero romper, rasgar, morder,
que quisiera fundirme en ti
pero entero hasta los huesos,
porque en este instante no me importa tu nombre o tus manías,
tus berrinches o tu incansable terror por los insectos,
que ahorita solo eres tu, tu piel, tu amor, tu pasión y tus gemidos,
eres esos dientes mordiendo tu labio,
o el constante vaivén de tus pechos
que por momentos rozan los míos.

Eres Dios, la Virgen, el Cielo, el Pecado,
eres yo, yo soy tú, eres el eterno paraíso prometido,
eres tantas cosas
y hay tanto que quisiera decir…

…pero en eso llega el orgasmo,
como un huracán dejando vacíos mis sentidos,
y no puedo hablar, no puedo pensar,

¡apenas soy consciente de que en algún lugar lejano
mi corazón reclama el esfuerzo aumentando sus latidos!

y te abrazo y se hace el silencio,
te miro y no se que piensas,
y cuando te alejas despacio de mí,
me pongo triste por las cosas
que mi boca nunca te cuenta.

Con la luz apagada.
(Crónica de un feminicidio)

Te estoy esperando en la sala,
sentado en el sillón de siempre con la luz apagada,
y la mirada encendida por la ira, la rabia,
contando solo el tiempo,
mirando el reloj que a cada segundo que marca
sin saberlo se va gastando
al igual que me desgasto yo
con los ojos por el llanto enrojecidos y la luz apagada.

No sé que haré cuando llegues,
no sé si llegues hoy a casa,
sólo sé que si sucede y mis palabras de amor no bastan
tendré que enseñarte el dolor, mi sufrimiento que no acaba,
trataré de hacerte entender que cuando dos personas se aman,
se deben comprometer, más allá de las palabras,
por encima *"del pensé"*, un simple perdón a veces no basta.

Sigo mirando el reloj, sigue la luz apagada,
y afuera la ciudad sigue su vida ufana,
los ruidos me llegan de lejos, sombras en la ventana
a veces pienso que eres tú, pero de ti ni tu alma,
solo el recuerdo gris, de tu risa de tu cara
que se empieza a desvanecer con cada minuto que pasa.

Ya la noche se transforma,
pasando a ser la madrugada,
y yo sigo sentado aquí, y el llanto se seca, se apaga,
sólo queda el corazón, que se me sube a la garganta
y no me deja respirar, es tu amor que me atraganta.

Y vuelvo a pensar en ti, te maldigo, insulto tu cara,
quisiera tenerte aquí, desnuda, tirada en el piso,

verte por un instante lastimada,
saber que también te duelo, que algo te importa, que sientes,
que eres humana,
que no me duele sólo a mi,
que no soy sólo yo el que por las noches tu nombre reclama,
y el viento se burla de mi, y la soledad cae sobre mi alma.

Te sigo esperando a ti, y con la luz apagada,
no quiero que me veas al entrar, no quiero que sospeches nada,
quiero que entres tranquila, con tu soberbia tan confiada,
que no veas el golpe venir,
que sólo sientas que te ataca
y un momento antes de morir encenderé la luz
para que veas el rostro del que por amor te mata.

Cierra la puerta.

Será que siempre he estado aquí,
aquí abajo, perdido en mi costumbre
de acabarte y luego huir
quedándome solo y sediento de sangre.

Será que ya te vi partir,
que antes de tu huida ya sabia la respuesta
la que jamás yo quise oír,
la que escondes cuando cierras la puerta

Y es el día lo que despierta
lo que siempre duerme en mi,
es dolor, rabia, tristeza
lo que acarrea el porvenir.
No soy yo, soy solo fiera.

Será que desde ayer,
sólo espero que te mueras,
pues es mejor decir murió
que se fue y cerro la puerta.

Cuantas curvas del amor
y el corazón no da respuesta,
pierde el brío y el motor
y acaba solo, inservible y de cabeza.

Si pudiera repetir,
no habría día que no volviera
a querer volver vivir,
empaparme en tu tibieza
y la haría parte de mi,

al igual que mi tristeza
es algo esencial en mi,
desde el día en que yo naciera.

Llora pues, sangre de amor,
las lágrimas que en los ojos quedan,
arrastrándose hacia mi,
cada noche, en cada esquema.

¡Hoy dejo de ser de ti y
empiezo a ser lo que me queda!

He intentado resolver este rompecabezas
pero tantas piezas faltan que es inútil mi destreza,
¡¡Dame pues mi corazón y márchate!!
pero cierra para siempre la puerta.

El último amor.

Todos los días la muerte nos habla al oído,
nos dice nuestro nombre despacio,
nosotros nos hacemos locos, como si no hubiéramos oído
y como no queriendo pretendemos olvidarlo,

Pero ella esta ahí presente,
en todo momento, en todo espacio,
nos esta rozando el hombro con sus dedos largos, blancos, blancos
y nos dice que es paciente,
que es cuestión de solo un rato,
que acabaremos de rodillas frente a frente
mirando los fuegos fatuos.

Y sucede que ella espera,
sabe que a la larga nos comerán los gusanos,
que ella es la última conquista,
nuestra ultima amante, el final de nuestros pasos.

Que solo tendremos su voz
infinita para consolarnos,
que acogeremos su presencia y rogaremos por sus brazos.

Por eso se mantiene bella,
por eso el tiempo ha ignorado,
sabe con certeza que cuando el reloj se halla agotado,
siempre voltearemos a verla a los ojos con descaro
y sabrá que estamos listos
para por última vez enamorarnos.

En calma.

Si pudiera deshacer tu mirada tan triste cuando lloras,
cuando en silencio en tu imaginación el tiempo vas desandando
y te imaginas poder volver, como si al volver a empezarlo
pudieras cambiar lo que nos dijimos, tanto daño.

Si pudiera,
besaría con mis labios tus pies cayendo de rodillas
y te pediría mil veces perdón, perdón, perdóname mi niña.
¿Cuándo fue que me volví la causa de tus pesadillas?

Si pudiera carecer de este puto orgullo que me levanta,
me tiraría ante ti para que si quisieras me pisaras
y gritaría tan fuerte de amor, tu nombre, tu bendito nombre de santa,
que me acabaría la voz y para no volverte a insultar me arrancaría la garganta.

Pero lo nuestro ya termino
y no hay remedio que deshaga
lo que te hice mi amor, lo que te dije, mi estupidez y mi rabia.
En cambio me deshago yo,
al sentir mi piel hoy tan sola, tan amarga,
que si pudiera algo cambiar,
pediría no haber nacido,
para así no haberte herido
y que hoy vivieras sin mi recuerdo y en calma.

En el piso.

Y me quede tirado en el piso, con las manos abiertas,
los ojos en blanco, la mente aún atenta,
mientras tú y tu cadera se acaban de vestir;
Te echaste en el sillón rosa y viejo de a lado,
con las piernas cruzadas al igual que tus brazos,
los ojos cerrados, la boca entreabierta,
la calma en tu rostro de quien al menos por un instante
se siente feliz.

Y yo me levante despacio,
cerré los ojos, no se para que si te seguía mirando,
cerré la boca, no se para que si te seguía llamando,
así que mejor abrí el corazón, agarre la pluma y me puse
a escribir.

Y me quede observándote, con el alma de fuera,
el odio guardado, la pasión despierta,
me fije en lo largo de tus brazos, en tu cintura tan
esbelta,
en tu cabello dorado, y en como al dormir te das de
vueltas...
Como adolescente me sentí enamorado,
sin pensarlo me puse a tu lado,
y nos hicimos de todo menos dormir.

El Día de las Lamentaciones.

Las lámparas estallaron
fragmentándose en millones de cristales,
que en el fondo se clavaron, penetraron
como el mas fiero de los caudales,
llevándose la luz que de ellas antes emergía,
dejando todo en las más profunda de las soledades,
tempestades,
relámpago que rasgo el cielo,
dejándonos ver que ya nunca seriamos iguales.

Voces, lamentos, llantos que preguntan el por qué,
recriminaciones que no entienden,
preguntas que se quedan en el aire, expuestas, ignoradas,
y las llamas se acrecientan por el viento alimentadas,
nadie ve el dolor que se ha instalado sobre, ni lo que por
debajo hay,
después del día de las lamentaciones, nada volverá a ser
igual.

Hacia donde ponga la mirada
siempre su rostro me sonríe en la oscuridad,
dolor amplificado, abnegado,
ramificaciones de un camino que nunca me lleva a
ningún lado,
retazos del corazón que voy recogiendo, remendando,
y en el alma esta habitando
la sombra de todas las mujeres,
todas son tal como eres
al fin de todo mujer al cabo.

Paradoja, ambigüedad,
sirena que en su canto lleva el lamento de todo mi mal.
Intimidad, la única que ahora me queda es con la soledad
mas oscuridad, infinidad,
tristeza que ya ha aprendido a sonreír, así es vivir,
yo se que después de esto todo se puede morir,
ansiedad, paranoia que recorre tus costas en busca del

mar,
mas soledad, recuerdo que se va escurriendo hasta
idealizar,
purificar pienso que estoy viendo pero no puedo
escuchar, adivinar.

Rostro que se confunde,
que entre mil cabezas se funde
y vuelve a dar integridad,
quejidos que hasta dormido,
cuando siento que ya olvido
logro entre miedo alcanzar,
mientras el sol que de noche salía se niega de nuevo a
alumbrar,
imán,
magneto de sufrimiento,
aunque a veces hasta a mi miento
no puedo volver a brillar,
pues el agua que recorre dentro todo lo difunde lo
confunde.

¡Ay de aquel que coma lumbre
y luego se quiera apagar¡

Pues desde el día de los lamentos
siento que ardo por dentro,
lloro descontento.

Aire quieto
que me hace vacilar,
perdida fuera de tiempo
que me hizo aquilatar
los días que sigo perdiendo
por no poderte encontrar.

Mar.

Mi mar se ha agitado otra vez,
las olas del deseo chocan entre si
y la espuma de sal que emerge
va secando mi extensión, mi porvenir.
¿Será que el frenesí de la nueva luna
ha subido mi marea
o será que el rey Neptuno
ha soltado mi correa?

¿O será que me he cansado de ser mar por siempre?
Ahora quisiera tener mas consistencia,
ser más fuerte, más tangible
y esparcir ya mi simiente.
Así echarme mis raíces
y volverme como tierra
donde todo nace y todo muere
pues aquí donde yo vivo
nada se queda, todo se mueve,
nunca conservo nada
al final todo se pierde,
la sal me esta matando
y mis heridas como duelen.

Felonía.

Bocas grandes, huesos tibios,
manos suaves, sueños vividos,
muerte lenta pero siempre segura,
culebra en el cielo
que con las sombras perdura,
plumas que se mueven
sobre todas las penumbras,
manchas de sebo que tienden
a tragarse la hermosura.

Cabeza de león teñida
de la sangre de las musas,
gorros blancos que te avisan
de una gran vida futura.
Cruces que te martirizan
clavos que te prestan su oxido,
esfera de agua moviéndose
en el negro de tus ojos.

Lágrimas que cobijan
la tumba donde reposo,
alquimistas ofreciendo
la magia y todo el oro
y el cíclope nos observa
con sus tres ojos de enojo
y nos llama a sus cavernas
donde moran niños locos.

La sabia no puede mas
retenerse en su misterios.
Humo que al mar se trepa
y a la luna amarillea.
Martillo de piel bronceada

sobre la mano que lo sujeta
mientras con furia golpea
el corazón que me alimenta.

In vitro.

Mas allá de tu humedad
esta el lugar donde fracaso
donde tu vida comienza a perderse en el ocaso,
ahí se encuentra tu rabia
ahí se esconde tu ira,
tu continuo reproche
tu descontento hacia la vida.

¿Cuántas veces yo te he dicho?
¿Cuántas veces te he explicado
que la vida es más hermosa
de lo que te has imaginado?
Pero sólo acabo triste,
solo, triste y agotado,
tu acabas más confusa
más ambigua,
más te mato.

A veces pareces vivir más,
más tranquila por un rato,
mas siempre ha de salir
tu tristeza y tu arrebato,
tus ganas de morir
mientras a Dios vas insultando
reclamándole el nacer,
¿¡Por qué te tienes tanto asco!?

Matilde.

Matilde volvió sola,
sola y sin nada en su interior,
deslavada en llanto,
agrietada adentro,
pues el problema que llevaba
se lo arreglo el doctor.

¡Qué tan vacía se sentía,
que tan penosa lloraba
que la gente la veía
y en seguida se volteaba
pues en ella distinguían
la marca de muerte que llevaba!
El camino de regreso
fue mas difícil que el de ida,
pues a cada paso dado
se sentía que moría.
¿Cómo fue que le hizo caso?
¿Qué no acaso era su vida?
¿Cómo aceptar el fracaso
si el decía que la quería?

La anestesia a medio efecto,
la cabeza medio erguida,
el cuerpo reclamando terco
la parte que fue extraída.

Estoy segura que fue un sueño,
ella decía y decía
pero mientras estuvo tendida en la plancha,
esperando la cirugía
y la dormidera llegaba y sentía que la invadía
ella clarito escuchaba como una voz que le decía
no me mates, no me mates,
quiero ver la luz del día.

La espera.

La espera me esta matando, carcomiendo, inundando,
acabando así con la seguridad que ya tenía (*que fueras
mía*).
¿A dónde se fue la luz, a dónde se fue el día?
Y la poca parte que de valentía queda
por la ventana del terror se esta escapando.
(*Como mi vida que desde que tu te fuiste esta
menguando.*)

¿Será acaso que te arrepentiste?, (*me mentiste*)
¿Esa es la razón del que teléfono no llame?
¡Que no recuerdas que me prometiste
estar aquí para sorber mi sangre!
      (*que tu provocaste*)

La calle aun sigue vacía,
mi alma vacía otro tanto
que no entiendes que el resto de mi vida
sin tu amor, es despilfarro...sabor a muerte, sabor a
barro.

O será que solo tu jugabas,
mientras mi alma llagabas.
a ver hasta donde tu poder en mi influía,
(*viendo hasta donde llegabas*)
fluyendo de tu boca las mentiras
que al idiota de mi corazón ilusionaban.

Sol que se escapa del alma
luna que entre las nubes se esconde,
dejando así al hombre con mi nombre (*porque este ya no*

soy mas yo)
a merced de su oscuridad en calma.
¡No hay pretexto que valga
para hacerme así sufrir!

Los minutos siguen su marcha,
inexorables, inescrutables
(*sigo esperando a que me hables*)
y de ti no hay noticia alguna,
luna dura,
pedazo de sol
mentiras que el corazón
en su escasa razón ,
aun no asimila,
arcilla
que va cubriendo todo
de amores, juegos ,traición.
¡Puto corazón!.

El tiempo en esto es insaciable,
siempre, siempre tiene hambre
alimentándose de mis tontas ilusiones
alejando así de mi mis días
rompiendo en mi mis fantasías
dejándome hecho solo jirones,
collage de ilustraciones
que tu recuerdo destrozo.

¡Cuántas canciones!
¡Cuántos momentos!
¡Cuántas traiciones!
infinidad de lamentos,
todos aún sangrando,
todos en mis adentros.

Y los instantes se suceden uno a otro,
como sucede que ha venido sucediendo,
pues el total de todos mis momentos
son solo sucesión de lágrimas y sales.
Dios de vida con agrio olor a muerte
¡Gritarlo fuerte!
¿Por qué no das la cara y sales?

Y bueno, que hacer sino esperar (*para no variar*)
aquí yo y mi corazón
que se escurre para ver si te encuentra,
para ver si tu alma se apiada y me alimenta
con algo de amor y vanidad.

¿Qué no entiendes que en verdad
estoy de ti enamorado?
De manos y pies atado
que no tengo dignidad,
pero prefiero amar de verdad
que jugar a ser amado
pues sino estas a mi lado
nada tengo que crear.
¿Para qué crecer? ¿En qué creer?
¿Para qué soñar? sólo llorar
si todo el sueño que tengo
si todo en lo que yo creo
es en volverte a encontrar.

Tirado entre tus muslos.

Que idiota el corazón
que se empeña obstinado
a vencer a la razón
a hacerla a un lado,
para amarte sin medida
distancia o clemencia
y apurando a la demencia
a pesar de lo que digan.

¿Serás mujer, deidad o niña?
¿Cómo poder averiguarlo?
A veces actúas cual un canario,
en ocasiones como ave de rapiña.

Después de haberte poseído
tirado entre tus muslos y fumando,
queriendo sumergirme en tu inocencia
me quedo callado y pensando,
cuántas preguntas sin respuesta...
cuántos ayeres hoy sangrando.
¿Será que yo perdí la apuesta
o será que los dos hemos ganado?.

Amado,
así es como hoy me estoy sintiendo,
cual si siempre te hubiera a ti esperado.
¿Qué si es peligroso?
Siempre lo es cuando se vive en pecado
¿Qué si va le la pena?
No lo sé, yo creo que si
mientras te tenga desnuda a mi lado.

Del Mar y Soledades.

Los mares me han estado hablando,
y que puedo hacer yo si no callar.
¿Cómo responder a quien ha estado esperando
sólo y en silencio toda la eternidad?

Las olas me vienen diciendo
lo que ni muerto quisiera escuchar,
me hablan de horas, de sales, de incienso
y de lo penosa que a la larga es la soledad.

Es como el anciano que viene muriendo
pidiendo permiso de su tumba cavar,
o como la madre que ruega en silencio
como el mendigo que agoniza en su lecho
o como el mudo queriendo gritar.

Es el mar viejo vagabundo ciego
que no sabe hacer mas que llorar,
y nos empapa a todos de anhelo
mas no recibe el consuelo
y por eso me pongo a escuchar.

Muerto te siento.

¿Me sientes?
¿Sientes mi peso sobre ti?
¿Sientes mis manos de nada acariciándote?
¿Sientes mi voz de ti arrodillándose a tu voz?
¿Sientes mis dedos desenrollando tu cabello
mientras me enredo mas en ti con un suspiro?

¿Me escuchas?
¿Escuchas mi voz que no es más que cielo?
¿Escuchas como voy gritando que te quiero,
aunque el grito es para mí?
Voz de fango o canto de mil grillos
y en tus ojos veo los brillos
que me dicen que sabes
que estoy cerca de ti.

¿Me amas?
Dime que aún me amas,
que en el fondo aun extrañas
todo lo que algún día yo te di.
Porque yo sigo extrañando,
piel que se pudre, manos de llanto,
ojos que piden que vuelva el encanto
y cada noche que te observo
vuelvo de nuevo a morir.

Porque te veo extrañarme
y por mi culpa siempre llorar,
lagrimas al muerto, dolor al corazón,
a la razón entendimiento y de nuevo vuelvo yo.

¿Cómo volver de mi silencio?
¿Cómo atravesar el firmamento para ser de nuevo piel?
Y dejar de ser etéreo
para ser de vuelta hueso
y decirle a Dios que pienso
que esta vez se equivocó,

que se quedó otra vez a medias
pues sólo el cuerpo me mato,
más no quito el sentimiento
y dejo al muerto ciego
pero ciego de amor muero
y eso que muerto estoy.
Yo sé que me sientes,
y sé que sabes que te siento
y aunque más no esté yo vivo,
amor te juro que como te quiero.

Y ni siquiera sabes.

Y ni siquiera sabes que me dueles,
que me hieres en lo mas profundo de mi alma,
que cuando intento en tu mirada hallar la calma
solo encuentro sangrando mis ayeres.

¿De qué sirve tener tantas mujeres?
¿De qué sirven mis noches de desvelo?
Si a tu lado no puedo emprender el vuelo
y solo existo entre sueños y placeres.

Y te miro y me deleita el contemplarte,
cual niño se admira ante el cometa
pero tu actitud a la realidad siempre me avienta
cuando sueño en que quizás llegues a amarme.

Y veme aquí, estúpidamente enamorado,
con mi orgullo agonizando en las paredes
muriendo de amarte y no tenerte,
sin que tu corazón siquiera este enterado.

Y para ti yo soy como otros seres,
para mí tú eres la ida y la venida,
hoy por ti yo he de arrancarme la vida

y tu ni siquiera sabes que me dueles.

El camino a la muerte.

Tu recuerdo me hiere tanto como tu presencia,
y me es este tan vasto como compañía,
que a diario le cuento que es lo que haría
para volver un instante a absorber tu esencia.

Hay quien dice que amar es una ciencia,
para mi ha sido un ensayo en vida de la muerte,
cuantas veces apreté los labios fuerte,
para no caer rendido a ti suplicando clemencia.

Sea dolor, felicidad o demencia,
la verdad ya te llevo grabada en la frente,
y tu cuerpo (recuerdos de ecos en mi mente)
me lleva de la mano, hacia mi tumba,
a encontrar a mi suerte.

Los demonios de tu amor.

Los demonios de tu amor
hoy despertaron hambrientos
empezaron a comer mi corazón desde temprano
y por mas que trate fueron vanos los intentos,
y las tantas oraciones que intente para alejarlos.

Los demonios de tu amor
hoy me hicieron prisionero,
reclamando de antemano como suyo el corazón,
torturando en recordarme todos los viejos tiempos,
de cuando comía tu cuerpo,
y amor bebía de tus manos.

Los demonios de tu amor,
se multiplicaron hoy por cientos,
abarcando por entero mi corazón derrumbado,
ensañándose en destrozar todos mis inventos
con los que cubrí tu recuerdo y todos nuestros años.

Los demonios de tu amor
mantuvieron mis ojos abiertos,
y solo conseguí llorar cuando intente cerrarlos,
y es que fueron tan intensos y crueles sus tormentos,
pues me hablaban de ti, de tu sexo y tus encantos.

Los demonios de tu amor,
son todos nuestros años muertos,
los que no vivimos,
los que se quedaron esperando,
y hoy vinieron a reclamarme violentos y gritando
que no haya hecho lo suficiente
para retenerte entre mis brazos.

Los demonios de tu amor,

son los besos postergados,
los que se volvieron suspiros y salen de vez en cuando,
son el dolor, la impotencia y el sentimiento reprimidos,
que hoy por la presión terminaron estallando.

Los demonios de tu amor,
son lo que he venido callando,
hoy por fin los liberé y despertaron gritando,
repetían insaciables tu nombre mi niña, esperando
que tu en su desesperación los oyeras y vinieras de inmediato.

Los demonios de tu amor,
hoy despertaron hambrientos,
tan hambrientos como yo de ti he estado estos años,
me han recordado el sabor que tenía tu aliento,
hoy iré por ti, te reconquistare y después dormiré en tus brazos.

Serena.

Serena,
sabedora de su belleza la mujer desnuda en la cama espera,
con las piernas entreabiertas y las manos desenredando los mechones de su cabellera,
como si fuera una niña, fuera de culpa, tan sosiega,
cuanta contradicción en esta imagen, que dulcemente dolorosa es esta escena,
y me mira con sus ojos grandes mientras cruzo el umbral de la puerta
y me reta en silencio, y me pide amor o lo que sea.

Se pone de lado haciendo así resaltar mas sus caderas,
los pechos se acomodan solos, desafiando a mi cabeza,
y su cuerpo se vuelve el espacio en el que mi atención se concentra
su vientre es el impacto, que mi pasión incrementa
y me pongo como un loco, me arranco la ropa y con esta también la cordura,
la poca cordura que aún me queda.

Y me pongo a penetrarla,
como un desquiciado, como queriendo romperla,
como si en cada embestida pudiera robarme lo que la hace ser tan bella,
ella se deja toda, sin voluntad sin resistencia
mis manos la buscan, la desgarran, rompen la piel tersa,
para solo encontrar debajo, mas humedad, mas calor mas tibieza.

Así seguimos por un rato, hasta que ella echa hacia atrás

la cabeza,
pone los ojos en blanco, grita como desgarrando al
mismo cielo,
rompiendo el silencio con el que la noche nos rodea.

Luego me rompe a mi,
cada imagen cada idea
y de la nada se echa a reír,
así no mas, sin motivo, con franqueza,

Después se acomoda en mi,
se instala con delicadeza,
rodea su cintura con mis manos,
albergando mis temores con destreza,
en esos momentos lo es todo para mi,
la vida, la muerte, el remedio a mi tristeza,
pero entonces se empieza a vestir
poco a poco, prenda a prenda.

Y se marcha sin decir adiós,
yo la miro alejarse,
eso no me preocupa se que siempre regresa,
lo que me duele es que mientras yo empiezo a sentir amor
la extraño, la pienso y me peleo con mi torpeza
ella se va a su vida, donde vive feliz,
donde vive sin mi, casada, serena.

Mordaza.

Hoy tengo atada la boca amor,
amordazaste mis palabras,
hiciste rehén mi corazón,
mis aventuras ,mis andanzas.

No es falta de respeto, te juro que no;
solo son historias que pasaron,
muchas otras inventadas,
la mayoría las provocaste tú,
con tu cuerpo tibio debajo de las sábanas.

Hoy ya no te pido, ya no,
que me dejes libre para investigar en otras camas,
solo te ruego que liberes mi pluma,
para poder ser libre sobre un par de hojas blancas.

Ven.

Ven,
sígueme hasta el lugar donde las sombras se oscurecen,
donde la realidad bajo mis fantasías perece
donde los lamentos de mis ojos se volvieron piedras.

Ven,
atrévete a seguirme hasta la profundidad de mis deseos,
donde convergen mis fantasmas
y se transforman en perversiones e inventos
de pasión sin limites y en constante crecimiento,
¡Ven atrévete y descubre mis deseos!
y solo encontraras los tuyos amplificados y despiertos.

Búscame en ti,
búscame en tu alma
cuando la luz ya se haya ido,
cuando el día haya caído
levantando tus instintos
y tus mas perversas tentaciones.

Búscame dentro de ti,
cuando tus ojos vueltos fuego
y poseída en la hipnosis del deseo
solo quieres ser poseída,
y en silencio gritas que eres solo mía
mientras envuelta en sensualidad
das rienda suelta a tu humedad
donde me sumergí algún día.

Ven, ya vuelve
ven a gastar todas mis caricias
usa mi amor hasta que no quede rastro,
porque otra forma no concibo de olvidarte,
que no sea agonizando junto a ti,
muriendo de tanto amarte.

Carta para una amiga.

Hoy que no estás aquí,
el dolor se ha aprovechado de tu ausencia
para aprovecharse de mí.

Hoy que no estás aquí
para eliminar la tristeza con esa tu risa contagiosa,
para hacerme reír sin motivo y de cualquier cosa
una vez más me he estado dejando morir.

No he querido pensar en nada,
ni en lo injusta que es la vida,
ni en la gente que es malvada,
¿Cuál evolución selectiva?

Ni en esta existencia vedada,
trabajo, hijos, jubilación,
aventureros de televisor,
hoy hacer es no hacer nada.
¡Me carga la chingada!

Pero estas tan lejos,
tan lejos de este mi espacio,
de mis problemas tan mundanos
de mi mundo de tristeza.

Y esta carta no es reclamo,
tampoco grito de auxilio
solo la voz de un amigo
que en letras quiere decirte:

Que hoy que no estas aquí,
te juro que como he pensado en ti.
¿cuando regresas?

Distancia.

Y es edad, y es distancia,
pero mientras mas lo pienso
más carece todo esto de sustancia,
mi corazón se inflama de arrogancia
cuando piensa que aun sigues pensando en mi.

A veces por las noches,
cuando sigilosa se acerca la mañana,
llegan mis miedos y se marcha la confianza
de que algún día regreses a mi.

Y desespero,
grito, lloro, pierdo la cordura en este encierro,
no me importa si el estar contigo es un enredo
solo quisiera que estuvieras aquí.

Y besarte, lentamente
cada espacio de tu cuerpo, cada diente,
perderme en tu mirada íntimamente
dejar que tus manos me hagan sentir.

Y te amo,
mas allá de lo que este en contra nuestra,
sean los años, sean los mares
o caudales de tristeza,
porque prefiero arriesgarme a quedarme sin ti.

Y me dueles,
este espacio tuyo de mi cuerpo ahora vacío
te reclama desde los confines agrietados de mi olvido
lugar donde espero desde que te perdí.

Así es,
ya no importa si asesino mi conciencia,
hora a hora se me resta la paciencia
mientras mi corazón solo suma su ausencia de ti.

Y es edad.
Y es distancia,
son los mares, la tristeza, la añoranza
pareciera que el destino nos separa
pero yo ya no le doy mas importancia
porque esta historia habla solo de ti y de mi.

Diluido.

¿Sientes como todo se diluye en el tiempo?
¿Cómo todo va perdiendo consistencia?
No se escapa ni el amor ni la existencia
al deterioro que también sufre tu cuerpo.

Observa como ya nada es eterno,
en verdad que nada dura para siempre,
los minutos destruyen lo que sientes
, lo único que queda es nuestro infierno.

Escucha el tictac de infinidad de relojes
como van cantando su alegro ya en minuendo,
universo de múltiples errores
corazones gritando que ya se están muriendo.

Muere todo lo que uno aprecia
y nos deja de consuelo su recuerdo,
¿De que sirve vivir?
No lo entiendo
si al final no seré ya mas presencia
y solo dejaré la ausencia
del espacio que habitó mi cuerpo.

Aire quieto.

Aire quieto,
soledad que lentamente se va arrastrando,
como protegiendo todo,
como invadiendo, logrando.

Gris que va tiñendo la tarde por completo,
dejando el cielo como instantánea en blanco y negro,
como vieja, deteriorada,
será que la tarde también se siente olvidada.

El mundo sigue su marcha,
su camino que nunca ha querido explicarnos,
vieja esfera más vieja que todos
que juega a jugar a que nosotros jugamos.

Esta tarde es sin embargo diferente
en el cielo se ha abierto un tercer ojo,
nos vigila, nos indaga hondamente,
penetrando, como hiriendo con enojo.

Observa nuestra cotidianidad
y la lucha que contra ella tratamos de librar a diario,
con tantos cines, con tantos lados,
deportes, clubes, cabarets y escenarios,
pero al final es siempre lo mismo
el nacer, vivir, morir a diario,
porque cada día mueres,
y el corazón se va gastando.

La penumbra se sigue expandiendo,
como tristeza se va contagiando,
llevándose la luz, dejando los espantos
cuantas almas que la noche se ha tragado,
sin escuchar los gritos,
sin voltear al rostro
de con quien ella se esta alimentando.

Y te juro que no puedo
te juro que cuesta tanto,
muerte llega ya
y cúbreme con tu manto.

Gris.

I

El mundo se desdibuja en un tono gris claro,
veo por la ventana la lluvia de casi diario,
sé que estás allá abajo en algún lado
pero te siento más lejos
como si fueras el recuerdo vago
de alguien que a conciencia he olvidado.

II

Yo sigo siendo el de siempre
necio, tonto, apasionado
tú me miras condescendiente
como a un ser no evolucionado.

Hay tanto que traigo dentro
tanto que he dicho que si
pero que en realidad no he perdonado.

A veces quisiera actuar distinto
pero me toco vestir el disfraz del diablo
no es algo que yo haya escogido
cada quien con cada cual
y cada cosa en su lado.

III

La tarde me pone triste
al igual que tu amor malhumorado,
y me siento vacío, solo,
usado y abandonado

Hoy sólo quisiera refugio
mis palabras encontrando oídos indicados
y alguna caricia pura
no por hechos sino por falta de reclamos.

Y veo la lluvia cayendo
como sin saberlo moja los carros
al igual que sin saberlo tu
me partes con cada palabra
el corazón en mil pedazos.

Te escucho hablar con los demás cuantas sonrisas,
palabras de aliento, un poco de tus encantos
y me pregunto que tanto nos alejamos
para que hoy no me merezca
lo que sin reparos brindas a extraños.

IV

Y en la cabeza una idea: renunciación
pero un te amo en los labios,
en la mirada determinación
pero por dentro el miedo
el terror de perder lo que más he amado en años.

Yo solo se ser yo
y a veces hasta en eso fallo
pero me quieras creer o no
si estoy contigo,
es porque en verdad y para siempre…

Te amo.

Turquesa.

Celeste, turquesa,
agua viva que recorre mi cabeza.
El horizonte es esa línea que endereza
con múltiples ocres mi mente
cuando en tu recuerdo se tropieza.

La playa, la arena...
placeres simples que tu nombre me envenenan.
Hace tanto que no daba rienda suelta a mis ideas
y hoy todas mis ideas se llaman tu, maldita... ¡Maldita seas!

Mientras la gente ríe y las personas se aman
yo como demente me preocupo de tu cama
y de esa lengua tuya que en mentiras se enmaraña
subestimando así mi experiencia consumada.

Hoy el mar tu conciencia lava,
la noche y la compañía
mi voz en tu cabeza acallan,
pero sé que al regresar a tu vida cotidiana
voy a hacerte mía,
pero no solo en la carne
también al saber tu voluntad doblegada.

Hoy se que llegará el día
en que te encuentres ante mi
postrada sin un solo rastro de tu valentía
con lágrimas en los ojos
rogándome por sentirte amada,
y el turquesa de mis ojos fríos
solo reflejaran tu figura
antes altiva y mentirosa
postrada y abandonada.

El amor que mata.

Yo soy el amor que mata,
lubrico ser,
la forma más sutil del abandono,
soy la pasión que arranca de placer
hasta tu última dosis de tu tan moral decoro,
soy la mirada que tu carnalidad desata,
y el temor escondido, velado por tus ojos,
soy las manos que con ternura te arrancan,
cada gemido, cada mirada,
cada lágrima que con mi saliva borro.

Yo soy el amor que vaga,
por las calles sucias, mojadas por la noche, solo;
Soy el alma atormentada,
por la soledad que me deja tu piel
después de habernos saboreado todo,
y es en tu cuerpo donde a diario me refugio,
y me sumerjo en tu piel, en tu delirio, en tu reposo.
y es tu alma la que siempre busco,
para explotar mi lujuria, mis inventos,
el rostro que me desconozco.

Yo soy el amor que rasga,
la mano que te lleva hacia donde ya no hay retorno,
soy los pasos que te guían por este viaje de placer
que mañana al recordarlo nos hará querer arrancarnos los
ojos,
y soy los labios que te incitan,
a besar, a morder,
a traspasar la línea que limita los antojos,

y es mi recuerdo el que te quita el sueño,
hablándote al oído voces de placer, murmullos,
canciones de locos,
y es entonces cuando quisieras comprender,
como en lugar de fundirnos,
tu te quedaste tan lejos,
y yo me quede aquí,
solo pensando en ti,
abandonado, roto.

Yo soy el amor que sangra,
la herida perpetua,
el exilio del amor, el destierro del odio,
los ojos que de tanto llorar terminan por arder,
soy quien empuja las penas
porque en la espalda ya no las soporto,

Yo soy el amor que mata.
y el amor me esta matando hoy,
dime Dios si yo soy el amor
¿Por qué diablos me siento tan solo?

Made in the USA
Columbia, SC
11 October 2020